# W.i.t.c.h.

Will Irma Taranee Cornelia Hay Lin

# L'almanach

HACHETTE Jeunesse

Série créée par Elisabetta Gnome


Publié pour la première fois par Buena Vista sous le titre
*Witchissimo il libro che ti strega tutto l'anno*



Adaptation française : Maria Grazzini

# W.I.T.C.H.

Will Irma Taranee Cornelia Hay Lin

# L'almanach

HACHETTE
Jeunesse

# Je te dis un secret...

Je m'appelle ..............................................

Comment je suis ..............................................

J'habite à ..............................................

Mon numéro de téléphone est le ..............................................

# Sorcelleries

Mon nom de magicienne est ..........................

Mon sortilège est ..........................

Ma couleur est ..........................

Mon chiffre magique est le ..........................

Mon porte-bonheur est ..........................

Mon pouvoir est ..........................

Je suis envoûtée par ..........................

# Bonjour, moi, c'est Will

Je suis née le 19 février,
mon signe astrologique est le Capricorne.

Je suis un peu réservée,
mais aussi très tenace et sensible.

Je collectionne les bibelots et les peluches
en forme de grenouille.

Mon look est simple et sportif,
j'adore les sweat-shirts.

Ma grande habitude
est de... parler avec les appareils
électroménagers !

## En tant que Witch

Mon pouvoir est l'Énergie.
J'arrive à catalyser et amplifier la force
des autres Witch, c'est pourquoi je suis
devenue la chef du groupe.
Ma couleur magique est le fuchsia.

# Moi, c'est Irma

Mon anniversaire est le 13 mars, sous le signe des **Poissons.**

Je suis la plus **pétillante** du groupe, mais je déteste le sport.

Le **look** c'est ma bête noire : je ne sais jamais quoi mettre !

En classe, j'arrive à influencer les interrogations avec la seule force de ma **pensée!**

## En tant que Witch

Mon pouvoir est **l'Eau.**

Je suis capable de dominer toutes sortes de **fluides** et je peux rester des **heures** dans l'eau sans avoir le bout des doigts flétri.

Ma couleur magique ? Le **turquoise.**

# Moi, c'est Taranee

Je suis née le 23 mars,
sous le signe du **Bélier.**

Je suis la plus réfléchie et la plus **timide** du groupe,
mais quand je passe à l'action, je me déchaîne !

J'aime les couleurs chaudes et solaires,
j'adore le style **ethnique.**

Ma grande passion est la **photographie :** j'adore
prendre des images d'insectes, même si j'ai une peur
bleue de ces "monstres" volants ou rampants.

## En tant que Witch

Mon pouvoir est le **Feu.**
Je peux rendre incandescent
toutes sortes d'éléments.

Quand je me transforme,
je perds toute timidité ; du coup,
j'ai une telle **pêche** que j'en suis
la première étonnée !

Ma couleur magique est le **rouge.**

# Moi, c'est Cornelia

Je fête mon anniversaire le 10 mai, signe astrologique Taureau.

Je suis la plus rationnelle du groupe.

J'aime l'art et tout ce qui est raffiné. Je prends soin de mon look jusque dans les moindres détails.

Ma passion est le patinage artistique.

J'ai un peu peur de l'eau mais... un jour, j'apprendrai quand même à nager !

## En tant que Witch

Mon pouvoir est la Terre. Cela me permet d'ouvrir des passages dans les murs et de déplacer les objets par télépathie. Le vert est ma couleur magique.

# Moi, c'est Hay Lin

Je suis née le 4 juin, sous le signe des Gémeaux.
Je suis la plus créative du groupe, mais aussi… hem… la plus distraite !
Souvent, je me sers de mes mains comme d'un bloc-notes…
Mes passions sont le dessin et la science-fiction.
Mon look est très original, j'aime dessiner mes propres vêtements.
J'adore les lunettes, surtout les grands modèles extravagants.

## En tant que Witch

Mon pouvoir est l'Air.
Je peux dominer la force du vent et celle de la gravité, ce qui me permet de me déplacer très rapidement et même de voler !
Ma couleur magique est l'argent.

## À vos claviers ! Vive les...

# ordinateurs !

**Petit panorama de quelques modèles cent pour cent Witch, pour découvrir celui qu'il te faut.**

**Modèle Will**

Petit portable, ignifugé et waterproof... bref, à toute épreuve !

**Modèle Irma**

Un peu vieillot, mais avec lecteur de CD hyper puissant et amplis de 300 watts.

**Modèle Cornelia**

Clavier ergonomique, écran ultra-plat, coloris assortis à la déco de la chambre.

**Modèle Hay Lin**

Carte graphique hyper-puissante. Pour "peindre" des chefs-d'œuvre sans s'éclabousser de peinture !

**Modèle Taranee**

Graveur, lecteur de DVD, modem ultrarapide et un bon stage pour apprendre à se servir de tout ça !

## Tes 5 sites les plus originaux du mois

# Planète Internet

**Internet te donne accès à une quantité incroyable d'informations, ainsi qu'à des jeux et autres banques de données. Voici comment les Witch surfent...**

- Will récolte les informations sur les animaux : comment les nourrir, prendre soin d'eux, voire les adopter à distance.
- Irma fait main basse sur les sites d'histoires drôles. Elle a appris par cœur celles sur Karmilla et ses autres idoles.
- Hay Lin se lance dans l'art en envoyant ses créations sur les sites qui organisent des concours de peinture.
- Corny bat des records dans la visite des boutiques virtuelles : Rome, Londres, New York, rien ne l'arrête.
- Taranee s'amuse à faire le tour des expositions virtuelles de photographie.

## Janvier

Lundi

Mardi

Mercredi

Jeudi

Vendredi

Samedi

Dimanche

# S'amuser à communiquer par...

# correspond@nce

Le téléphone est idéal pour garder le contact avec les copines, mais parfois la note grimpe aux étoiles... En alternative, adopte de nouveaux modes de communication et fais-en des jeux amusants !

## Le courrier électronique peut devenir un jeu !

L'écran vide de l'ordinateur, c'est un peu comme une toile à personnaliser de mille et une façons. Tu peux accompagner ta signature de dessins faits de chiffres et de symboles ou inventer un langage secret pour tes copines. La première qui est capable de le déchiffrer gagne... C'est toi qui choisis le prix !

## Les 5 morceaux de musique les plus sympas du mois

## Janvier

### Messages... "à l'ancienne"
C'est-à-dire écrits sur une bonne vieille feuille de papier recyclé, de couleur ou parfumé. Tout un monde de possibilités pour souligner les émotions que tu souhaites transmettre à tes correspondants.

### La lettre tableau
Un message écrit avec des stylos de couleur, une feuille décorée de feuilles et de fleurs fixées avec une goutte de colle... Pour un résultat beau à lire et à regarder !

### La lettre "audio"...
Enregistre ta voix sur une cassette audio : raconte une histoire ou récite un extrait des dialogues du film préféré de ta correspondante.

Lundi

Mardi

Mercredi

Jeudi

Vendredi

Samedi

Dimanche

# Trucs et astuces pour bien gérer ton...

# portable

Pour les communications éclairs (souci de cœur, dernier potin ou S.O.S. école), fais comme les Witch. Adopte un "code sonneries" mis au point avec tes amies. C'est rapide et pas cher !

## Messages codés

1 sonnerie
"Je pense à toi."

2 sonneries
"Appelle-moi, j'ai épuisé mon crédit temps !"

1 sonnerie – pause – 1 sonnerie
"J'ai un truc à te dire... je t'appelle ce soir !"

2 sonneries – pause – 1 sonnerie
"Je l'ai vu ! Dès que je peux, je te raconte tout !"

4 ou 5 sonneries
Dans ce cas... il faut peut-être répondre !

Tes 5 pensées les plus intéressantes du mois

# Petit traité des bonnes manières "téléphoniques" par Cornelia

- Pense à éteindre ton portable partout où il peut déranger : en classe, au cinéma, au théâtre, etc.

- Surveille le volume de la sonnerie. C'est gênant, si les passants se retournent dans la rue...

- Quand tu t'en sers en public, parle à voix basse et tâche d'être brève.

- N'appelle pas les gens à des heures indues, ni quand tu sais qu'ils sont occupés.

- N'oublie pas qu'un portable n'est pas un jouet et n'est pas fait pour être exhibé. Garde-le dans ton sac.

## Janvier

Lundi

Mardi

Mercredi

Jeudi

Vendredi

Samedi

Dimanche

# Au secours !
# Les parents ont reçu la...
# note de téléphone

## Le "bavardomètre" t'aide à limiter les dégâts...

## Il est temps de raccrocher quand...

1 Tu as terminé les cinq biscuits de ton goûter.

2 Le bâtonnet d'encens a entièrement brûlé.

3 Ta main est couverte de dessins au stylo.

4 Tu entends la sonnerie du réveil mis avant le début du coup de fil.

5 La chanson de fond est terminée.

6 L'aiguille de ta montre t'informe que ça fait un quart d'heure que tu parles...

### Tes 5 achats les plus utiles du mois

# HOROSCOPE
# Verseau

21.01-18.02

**Qui es-tu ?** Un papillon coloré qui vole de fleur en fleur. Tes priorités sont les amis et ta liberté. Tu as un sens inné de la justice et un excellent esprit d'observation.

**Ta magie** Tu aimes aller à contre-courant. Défier seule le monde entier ne te fait pas peur. Ton intelligence et ta cordialité font de toi une chef de file naturelle.

**L'école** Tu es très créative et te sens souvent un petit génie incompris. Tu réussiras dans l'infographie et dans les arts graphiques en général.

**Sensibilité**

Idéaliste et loyale en amitié, tu te méfies des relations trop exclusives.

**Look** Anticonformiste, mais toujours dans le coup ! Ne pèche pas par excès d'extravagance.

## Janvier

Lundi

Mardi

Mercredi

Jeudi

Vendredi

Samedi

Dimanche

# Je l'ai vu et...

# mon cœur bat la chamade !

**Tous les coups sont permis pour approcher le garçon de ton cœur. Irma te donne quelques idées bien futées...**

**Tu le croises dans le bus ?**
Assieds-toi à côté de lui et demande-lui où il a acheté ses superbes chaussures (pull, tee-shirt, etc.). De fil en aiguille, vous allez engager la conversation...

**C'est le frère d'une de tes amies ?**
Passe la voir aussi souvent que tu le peux ! Tourne autour de lui, intéresse-toi à ses loisirs, pose-lui plein de questions et... ne perds pas espoir !

## Tes 5 SMS les plus drôles du mois

### Tu le vois à l'école ?

Si vous êtes dans la même classe, propose-lui de travailler ensemble. Sinon, essaye de l'approcher à la récré avec une excuse quelconque. Bonne chance !

### C'est un de tes voisins ?

Tâche de le croiser "par hasard" avec l'excuse d'un problème pratique (les pneus de ton vélo sont à plat, par exemple). Il te proposera son aide et... il faudra saisir ta chance!

### Il fréquente un autre groupe ?

Trouve quelqu'un qui puisse t'introduire dans son groupe. Une fois dans le même univers, joue de tous tes atouts !

Lundi

Mardi

Mercredi

Jeudi

Vendredi

Samedi

Dimanche

# Tu l'as rencontré et tu as vite compris que... tu es amoureuse !

**S'il suffit que tu le voies pour que ton cœur fasse un bond, c'est sûr : tu en pinces pour lui !**

Vous vous êtes rencontrés et entre vous il y a eu un bon feeling. Maintenant, il te propose de sortir... Pas de panique ! La situation est sous contrôle, le jeu est entre tes mains !

**Un** Choisis un endroit que tu connais ou un environnement calme.

**Deux** Fais-toi belle, mais sans exagérer !

**Trois** Pointe ton nez avec quelques minutes de retard (toujours se faire désirer un peu !) et ton plus beau sourire... Bonne chance !

## Tes 5 achats les plus originaux du mois

# Quelques conseils sur le LOOK d'un premier rendez-vous !

- Mets ton porte-bonheur dans ta poche. Ça ne changera pas le destin, mais ça t'aidera à te sentir sûre de toi.
- Mets les boucles d'oreilles que ta meilleure amie t'a offertes. Ce sera comme si elle te chuchotait de bons conseils dans le creux de l'oreille !
- Une fois décidé de ce que tu mets, ne passe pas deux cents fois devant la glace pour vérifier que tout va bien ! Profite des dernières minutes pour te détendre : le moment venu, tu seras plus zen.

## Février

Lundi

Mardi

Mercredi

Jeudi

Vendredi

Samedi

Dimanche

## Idées et suggestions pour un charmant...

# tête-à-tête

**Si tu cherches un endroit spécial pour ton rendez-vous avec "lui", les Witch te donnent quelques tuyaux magiques !**

**Concert** Au premier rang, avec les autres fans de votre rock star préférée, pour chanter à tue-tête "votre" chanson !

**Parc** Un classique indémodable. Pour bavarder des heures assis sur un banc dans un cadre paisible et romantique.

**Glacier**
Une table un peu en retrait, une coupe multi-fruits pour deux et deux petites cuillères : tu goûtes, je goûte, etc.

**Cinéma** Deux places au dernier rang, pour être tout près l'un de l'autre et... aussi pour voir le film !

**Tes 5 morceaux de musique les plus romantiques du mois**

# Quel est "son genre" ?

- **L'intellectuel**
  Il est toujours au courant des dernières nouveautés littéraires. Demande-lui un conseil sur un livre : tu feras mouche !

- **Le sportif**
  Il est toujours par monts et par vaux pour d'innombrables manifestations : rien que de le suivre c'est du sport ! Demande-lui s'il veut bien être ton entraîneur...

- **Le super-romantique**
  Écris-lui une belle lettre, puis apparais devant lui dans la lumière dorée du soleil couchant...

- **Le type sûr de lui**
  Snobe-le, il tombera à tes genoux. Ou alors, il t'ignorera. Au fait... es-tu bien certaine de vouloir d'un type pareil ?

## Février

Lundi

Mardi

Mercredi

Jeudi

Vendredi

Samedi

Dimanche

# J'ai un amoureux. Et maintenant ?

# Au secours ! ! !

**Le premier flirt s'accompagne souvent d'une avalanche de doutes et de peurs... D'où un grand besoin de conseils !**

## À qui s'adresser ?

1 As-tu un grand frère ? Pour les conseils pratiques, c'est l'idéal. Il n'y a pas mieux placé que lui pour te renseigner sur le « camp adverse »...

2 Pour des questions plus délicates, mieux vaut demander l'avis de ta meilleure amie.

3 N'oublie pas ton chat et le poisson rouge : ils t'écouteront avec patience !

**Tes 5 pensées les plus intéressantes du mois**

# HOROSCOPE
# Poissons

19.02-20.03

**Qui es-tu ?** Sensible, rêveuse, romantique et artiste, parfois tu as l'impression de venir d'une autre planète. Gare à ceux qui voudraient te faire redescendre sur terre : tu es très bien sur ton coussin de nuages !

**Ta magie** Tu es dotée d'un flair infaillible. Tu es, toi, tout un univers à découvrir, ce qui te protégera en te rendant unique.

**L'école** Parfois tu manques un peu de sens pratique et de volonté. L'émotivité risque de te jouer de drôles de tours aux contrôles.

**Sensibilité** Tu es affectueuse et altruiste. Pour toi, les contes de fées finissent toujours bien...

**Look** Tu as beaucoup de classe. Tu sais associer avec bon goût des vêtements ultra-classiques et des accessoires dernier cri.

## Février

Lundi

Mardi

Mercredi

Jeudi

Vendredi

Samedi

Dimanche

# Lui, toi et...

# les parents

**On n'a pas toujours le droit de sortir seule, alors un jour... "il" vient tirer la sonnette de chez toi !**

**Will te donne quelques conseils pour cette rencontre historique...**

• **Préparer le terrain**

Explique aux parents que tu aimerais inviter un copain à la maison. Fais-en un portrait aussi succinct et rassurant que possible (qui il est, quel âge il a, où tu l'as rencontré...).

**Tes 5 sites les plus enrichissants du mois**

Parallèlement, décris ta famille à ton ami. De cette manière, quand il franchira la porte, il saura déjà un peu à quoi s'attendre...

• **Choisir le bon moment**

Évite de faire coïncider cette rencontre avec une période familiale orageuse. Si nécessaire, reporte la date de "l'événement" à plus tard.

• **Briser la glace**

L'idéal pour détendre l'atmosphère est une bonne boutade qui fait rire tout le monde. Ce qui ne veut pas dire se forcer à être drôle à tout prix.

Enfin, ne t'arrache pas les cheveux si tout ne s'est pas passé comme tu le souhaitais. Ce n'est que la première rencontre et avec la famille, on le sait, il faut du temps...

Lundi

Mardi

Mercredi

Jeudi

Vendredi

Samedi

Dimanche

Le printemps approche...

# Vive les sorties !

Hay Lin
a plusieurs cordes
à son arc pour profiter
des beaux jours...

## B comme "balade"

C'est-à-dire : marcher sans but précis, juste pour prendre l'air. Pour faire un tour en centre ville, découvrir de nouveaux quartiers et profiter pleinement des... giboulées de mars !

Les 5 SMS les plus drôles du mois

# Mars

## J comme "jardinage"

Dans ce cas de figure, il faut quelques notions de botanique et un jardin ou un balcon pour ses plantes.

## S comme "sport"

Oublie le top chrono et l'esprit de compétition : cette fois, c'est juste pour le plaisir de se détendre. Un jogging au parc ou un match de volley improvisé sont l'occasion de rencontrer les copains et bavarder dans la bonne humeur.

## V comme "vélo"

Même mode d'emploi que la balade, sauf qu'au lieu d'user les semelles, cette fois, on pédale !

Lundi

Mardi

Mercredi

Jeudi

Vendredi

Samedi

Dimanche

# Et s'il pleut, amusons-nous...

# à la maison !

## Cornelia te propose quelques activités pour ne pas t'ennuyer à la maison...

- **Peinture**

Sur toile ou sur papier, mais pas seulement. On peut aussi peindre sur des supports en bois, en faïence, tissu, terre cuite, métal et même sur les murs (à négocier avec les parents...).

- **Tests de maquillage**

Le plus difficile est de trouver un cobaye... Une amie ou une sœur, à condition qu'elle ait de l'humour et ne t'en veuille pas si le résultat laisse à désirer !

## Les 5 achats les plus sympas du mois

# Mars

- **Jeux**

Les jeux vidéo, c'est super, mais une pause, parfois, ça ne fait pas de mal... C'est l'occasion rêvée pour sortir les jeux de société et se payer de bonnes parties de rigolades avec les amis !

- **Puzzle**

Il en existe pour tous les goûts et pratiquement sur tous les thèmes. Les plus patientes choisiront de grandes compositions (jusqu'à 5 000 pièces minuscules...), les plus pressées, de plus petits sujets composés de grosses pièces !

Lundi

Mardi

Mercredi

Jeudi

Vendredi

Samedi

Dimanche

# De temps en temps, on a bien besoin de...

# se détendre

## Apprends à profiter de ton temps libre pour t'occuper de toi et t'abandonner à tes rêveries...

**Un** Quand tu as besoin de te ressourcer, choisis un environnement calme.

**Deux** Prévois des pauses détente, surtout dans les périodes où tu es sous pression.

**Trois** Un bain parfumé, un peignoir enveloppant, une musique de fond choisie *ad hoc*... pour un après-midi de détente qui te donnera la super-pêche !

### Les 5 morceaux de musique les plus relaxants du mois

HOROSCOPE

# Bélier

21.03-20.04

**Qui es-tu ?** Tu es de l'énergie à l'état pur, ta vitalité est unique. L'esprit d'initiative, l'enthousiasme et la générosité sont tes plus grandes qualités.

**Ta magie** Tu es très sportive et toujours en super-forme. Ta sympathie peut faire de toi un véritable bourreau des cœurs !

**L'école** Grâce à ton intuition, tu comprends tout très vite. Malheureusement, tu n'as pas toujours envie d'approfondir...

**Sensibilité** Une meneuse comme toi devrait savoir que tout le monde ne peut pas suivre... Évite de te mettre en colère.

**Look** Tu exprimes ta vraie nature seulement quand tu te sens parfaitement à ton aise. Tu devrais essayer une tenue très élégante, une fois !

## Mars

Lundi

Mardi

Mercredi

Jeudi

Vendredi

Samedi

Dimanche

## Un peu de temps pour ses...

# loisirs

### Qu'y a-t-il de mieux que de se détendre avec un bon livre ou son disque préféré ?

## Plaisir à lire

**Un bon livre peut t'accompagner partout, à n'importe quel moment de la journée. Comment le choisir ?**

- Si tu n'as pas d'idées précises, commence par un livre d'aventures ou un policier. Une fois repéré le genre qui te convient, il ne te reste plus qu'à plonger dans l'univers fascinant de la lecture !

- Pour avoir un choix aussi vaste que possible, va à la bibliothèque ou dans une grande librairie. Sinon, écoute les conseils de tes amis : c'est souvent par le bouche-à-oreille que l'on fait les plus belles découvertes.

**Tes 5 pensées les plus secrètes du mois**

# Mars

En avant la musique !

La musique peut donner les plus grandes satisfactions. Si, en plus, tu sais jouer d'un instrument, le plaisir ne peut que redoubler...

- L'idéal pour se concentrer sur l'écoute d'un bon morceau de musique, c'est un endroit calme de la maison. De préférence, pendant les sorties au parc de ton petit frère...
- Grâce à un baladeur ou à un lecteur MP3, tu peux avoir ta musique toujours avec toi.
- Si tu utilises l'un de ces instruments, n'oublie pas les règles de base de la prudence : pas de casques, ni d'oreillettes, en pleine circulation !

Lundi

Mardi

Mercredi

Jeudi

Vendredi

Samedi

Dimanche

# Ce qu'il y a de génial dans...

# le groupe

**Vous êtes toutes différentes par vos goûts, et votre caractère... c'est aussi pour cela que vous vous entendez si bien !**

## Ensemble, il est plus facile de...

1 Imaginer des stratégies de séduction (même si ça ne marche pas...).

2 Faire du shopping. Avec une équipe de conseillères, on ne peut pas se tromper !

3 Chanter en chœur les chansons de votre groupe préféré (si tu chantes faux, ça s'entend moins...).

4 Se trouver. Les coups de fil et les messages rebondissent de l'une à l'autre : impossible de se sentir seule !

Tes 5 sites les plus sympas du mois

# Conseils et astuces pour...

# bien s'entendre

**Les secrets des Witch pour être bien ensemble ? Ils sont magiques !**

**Will** propose ses idées et sait accepter les critiques.

**Taranee** conseille d'écouter les différentes propositions, puis de prendre les décisions à la majorité.

En cas de conflit, **Irma** essaie de détendre l'atmosphère avec une boutade.

**Cornelia** respecte les choix de tout le monde, mais insiste pour que les décisions soient prises ensemble.

En cas de dispute, **Hay Lin** écoute les raisons de chacune et cherche un point d'accord.

**Tes 5 achats les plus originaux du mois**

**Les adeptes du banc public**
L'air fatigué, le pas traînant, ils se retrouvent toujours au parc. Leur principale occupation consiste à rester assis...

**Les musicomanes**
On en distingue deux espèces : les adeptes du casque et ceux des oreillettes. Les deux sont immédiatement reconnaissables au mouvement dodelinant de la tête et au regard absent.

**Les sportifs**
Ils se partagent en sous-groupes selon la discipline sportive. Quand ils ne font pas du sport, ils parlent de sport. Décontractés dans l'attitude, ils sont souvent contractés sur le plan musculaire.

**Les fashion victimes**
L'ensemble des étiquettes de leurs vêtements fournit le répertoire des plus grandes marques. Ils observent une règle très stricte : à la première chaussette mal repassée, on est isolé du groupe, à la deuxième, viré définitivement.

# Avril

Lundi

Mardi

Mercredi

Jeudi

Vendredi

Samedi

Dimanche

# Des groupes pour tous les goûts, classés par…

# genre

Tu es à la recherche d'un groupe qui te convienne ? Irma les a classés et listés selon des critères cent pour cent Witch…

Tes 5 SMS les plus intéressants du mois

# Drôles de W.i.t.c.h

Réponses amusantes à toutes les questions

Mes amies et moi communiquons par un code secret ultra-compliqué, pour que personne ne nous comprenne...

C'est une excellente idée, mais... serait-ce pour ça que l'une d'entre vous attend devant un cinéma, depuis plus de deux heures ?

Mes amies et moi sommes inséparables. Je refuse de partir en vacances sans elles !

Soit, mais... le plus dur sera de convaincre les parents de rester à la maison, faute de place pour tout le monde dans la voiture !

## Avril

Lundi

Mardi

Mercredi

Jeudi

Vendredi

Samedi

Dimanche

# L'esprit d'équipe, c'est bien parce que...

- Il nous aide à réagir face aux situations toujours nouvelles.
- On se sent plus fortes, malgré les défaites.
- Ça nous apprend à tenir compte des exigences des autres.
- Ça nous permet d'atteindre des objectifs que nous ne pourrions jamais viser seules.

## Avril

Lundi

Mardi

Mercredi

Jeudi

Vendredi

Samedi

Dimanche

## Cœurs brisés, contrôles de dernière minute...

# S.O.S. au groupe !

**Les bons conseils de Taranee pour aider une amie en difficulté.**

**Règle n° 1** Dans un moment difficile, une amie a besoin de : se défouler, se distraire et, surtout, de se sentir entourée.

**Règle n° 2** Pensez à ce que chacune peut faire pour aider votre amie à résoudre son problème.

**Règle n° 3** Action ! L'une d'entre vous lui sert de confidente, les autres se chargent des sorties pour la distraire. En un mot, vous lui faites sentir toute la chaleur de votre amitié !

## Tes 5 morceaux de musique les plus relaxants du mois

# HOROSCOPE

# Taureau

21.04-20.05

**Qui es-tu ?** Tu es une véritable force de la nature, tenace et parfois entêtée. Tu iras jusqu'au bout de tes rêves.

**Ta magie** Ta voix séduit : tu pourrais devenir chanteuse. Quant à ton charme, il est tout simplement magique !

**L'école** Pas mal en histoire-géo et en musique. Fais des efforts dans les langues étrangères.

**Sensibilité** Tu n'aimes pas les groupes trop nombreux. De temps à autre, tu as besoin de solitude.

**Look** Ta beauté est telle que tout artifice est superflu !

## Avril

Lundi

Mardi

Mercredi

Jeudi

Vendredi

Samedi

Dimanche

# Où et comment être toujours... à la mode

En plus d'être une façon de s'exprimer, jouer avec son look est amusant. S'il est vrai que l'habit ne fait pas le moine, dans ce cas précis, la Witch fait l'habit !

## Puisqu'on doit aller à l'école, autant le faire avec style !

Si le temps des blouses est révolu, l'école n'est pas pour autant le meilleur endroit pour les défilés de mode. Donc : du style et de la personnalité, d'accord, mais sans exagérer !

L'astuce consiste à associer avec intelligence ce que tu as envie de porter et ce que tu peux te permettre à l'école. N'oublie pas que les professeurs et le principal pourraient te faire des remarques.

## Tes 5 pensées les plus drôles du mois

# Conseils éclairs

- Parmi tes vêtements, choisis ceux dans lesquels tu te sens à l'aise et sûre de toi : c'est la meilleure façon pour être bien dans ta peau et plaire aux autres !

- Méfie-toi de la mode à tout prix. Porte des grands chapeaux seulement si tu es très grande ; à l'inverse, ne mets pas de pulls minuscules si tu as une taille de girafe !

- Gare aux excès. De temps en temps, "oser" c'est bien, mais seulement si la situation s'y prête. Dans les autres cas de figure, reste plus classique avec des teintes pastel et des coupes fluides.

## Mai

Lundi

Mardi

Mercredi

Jeudi

Vendredi

Samedi

Dimanche

# Aujourd'hui, le mot d'ordre est... mode fait maison !

Tu n'as plus un centime et il te faut absolument quelque chose pour la soirée de samedi... Que faire ?

Sers-toi de tes vêtements pour déchaîner ton imagination !

Tes 5 sites les plus "à la mode" du mois

# Mai

- Cherche, dans le commerce, quelque chose qui stimule ta créativité : peintures et teintures pour tissu, coupons d'étoffes diverses, petites perles à broder, rubans adhésifs pour ourlets éclairs (mais temporaires).

- Raccourcis une jupe longue pour lui donner un coup de jeune ; rafraîchis un vieux blouson en cousant une pièce à un endroit "stratégique" ; teins tes vieux tee-shirts et tout le monde pensera qu'ils sont flambant neufs !

- Si la broderie n'est pas ton fort, demande de l'aide à maman. Elle sera ravie de te rendre service et veillera sur les travaux d'un oeil d'expert.

Lundi

Mardi

Mercredi

Jeudi

Vendredi

Samedi

Dimanche

# Pas de panique si aujourd'hui...

# rien ne te va !

## Aucun de tes vêtements ne te satisfait ? Ne stresse pas, ça arrive...

**Irma, grande spécialiste en la matière, te conseille sur la manière de te sortir de l'impasse.**

- Si c'est une journée noire, mieux vaut opter pour un vieux tee-shirt ou un jeans que tu aimes particulièrement. Tu te sentiras en terrain conquis et ça te permettra – peut-être – de te réconcilier avec ton miroir !
- Laisse passer l'orage avant de balancer ta garde-robe tout entière. Tu trieras tes vêtements à tête reposée.
- Détends-toi ! Accorde-toi un bon bain parfumé aux huiles essentielles, voire un bol de chocolat chaud.

**Tes 5 SMS les plus réconfortants du mois**

# Mai

Si tout cela ne suffit pas, enveloppe-toi d'un nuage de parfum. Tu te sentiras irrésistible !

- Si tu te reconnais dans Will, choisis un parfum frais avec une note vaguement romantique.
- Cornelia, elle, est une irréductible de l'extrait de vanille.
- La surprenante Taranee ose un parfum intense, vibrant des senteurs d'ylang-ylang et de jasmin.
- Le parfum d'Irma sent la brise marine, le musc et le chèvrefeuille.
- Pour Hay Lin, il n'y a rien de mieux que le parfum de sa crème de bain à base de savon de Marseille.

Lundi

Mardi

Mercredi

Jeudi

Vendredi

Samedi

Dimanche

# Le style de tes...
# cheveux

**Lisses ou frisés, courts, longs, blonds ou bruns, tes cheveux en disent long sur ta personnalité.**

C'est décidé, tu changes de coupe ! Oui, mais... le plus important c'est de savoir en prendre soin.

1 Lave tes cheveux avec un shampooing délicat et termine toujours par une noisette d'après shampooing.

2 Si tu veux qu'ils brillent, ajoute, à l'eau du dernier rinçage, un peu de vinaigre de vin.

3 Brosse tes cheveux avant d'aller te coucher.

4 Qu'ils soient courts ou longs, use et abuse des épingles à cheveux !

**Tes 5 achats les plus utiles du mois**

# HOROSCOPE Gémeaux

21.05-20.06

**Qui es-tu ?** Tu es loquace et intelligente, ta compréhension est d'une rapidité foudroyante. Ta grande sensibilité te conduit parfois à t'isoler, mais pas pour longtemps.

**Ta magie** Tu trouves toujours la meilleure manière de dire les choses. Une phrase ou un poème de toi ouvre le cœur de n'importe qui.

**L'école** Tu es dans ton élément. Les lettres et les langues étrangères sont tes matières préférées.

**Sensibilité** Tu sais sympathiser avec tout le monde. Fais attention, toutefois : ton caractère expansif peut faire des jaloux !

**Look** Un peu "sage"... Délaisse les vêtements trop classiques et souligne davantage ta féminité. Tu y gagneras !

## Mai

Lundi

Mardi

Mercredi

Jeudi

Vendredi

Samedi

Dimanche

# Quelques idées pour être toujours...

# au top !

**Le miroir ne te renvoie jamais l'image que tu attendais... Apprends à souligner les points forts de ton physique : tes yeux, tes jolies épaules, etc.**

## Les astuces de Cornelia pour mettre en valeur tes atouts...

**• Les yeux**
Évite les coiffures trop ébouriffées qui détournent l'attention des yeux et du regard. Pour une soirée "spéciale", ose des faux cils de couleur. Tu y gagneras un look "qui tape dans l'œil" !

**• Cou et épaules**
Ce qu'il y a de plus flatteur, ce sont les tee-shirts et débardeurs avec col en V.

**• Jambes**
Si elles sont belles, tu peux tout te permettre : mini-jupes, collants fantaisie, etc.

## Tes 5 morceaux de musique les plus rythmés du mois

# Pour changer !

**Autrement dit comment, grâce à des petites astuces, changer un peu, beaucoup ou passionnément son aspect ! Pour de vrai ou juste pour s'amuser.**

- Il existe toute une variété de faux cils de couleurs, mascaras colorés et shampooings reflets qui donnent un nouvel éclat à tes cheveux. Juste pour voir ce que ça fait, sans forcément sortir de chez toi !

- Organise un après-midi "tests maquillage" avec tes copines. Vous allez beaucoup vous amuser !

## Mai-Juin

Lundi

Mardi

Mercredi

Jeudi

Vendredi

Samedi

Dimanche

# Seule ou en compagnie, amuse-toi en faisant du...

# sport

**Tu es un peu paresseuse et l'idée de transpirer ne t'enchante pas ? Il n'y a pas de mal, mais... essaye, quand même ! Choisis le sport qui t'inspire le plus et lance-toi !**

Le choix d'un sport dépend de ton physique et de tes goûts. Si la natation convient à tout le monde, d'autres disciplines requièrent des aptitudes particulières. Tu n'as que l'embarras du choix...

Si tu es souple et agile comme Will, l'athlétisme c'est ce qu'il te faut. Quelle discipline ? L'heptathlon : il y a un peu de tout !

**Tes 5 pensées les plus sportives du mois**

- Si, comme Taranee, tu aimes faire fonctionner ton cerveau en même temps que tes muscles, le jogging est idéal. Pour cogiter en mouvement !

- Tu as la pêche d'Irma ? C'est ce qu'il faut pour les arts martiaux !

- Si tu es rapide et précise comme Hay Lin, le tennis et le ping-pong sont les sports pour toi.

- La grâce et l'élégance de Cornelia sont tes principales qualités ? Essaye la nage synchronisée ou la gymnastique artistique.

# Juin

Lundi

Mardi

Mercredi

Jeudi

Vendredi

Samedi

Dimanche

# Pas de panique à l'approche de la...

# compétition

**Tu es sur les nerfs, tes mains sont moites... normal, c'est le stress. Comment faire face ? Les Witch te donnent leurs conseils.**

**Will** inspire profondément plusieurs fois. Cela l'aide à trouver la concentration qu'il lui faudra sur les starting-blocks.

**Irma** s'efforce de dédramatiser. Pour éviter le stress, elle se distrait avec quelques boutades !

**Taranee** a une méthode très personnelle : elle pense au prix qu'elle va s'offrir, même si elle perd !

**Cornelia** ne se sépare jamais de son pendentif porte-bonheur et met toujours son tee-shirt préféré.

**Hay Lin** s'isole dans un endroit tranquille pour écouter dans ses oreillettes les meilleurs morceaux de Karmilla.

## Tes 5 sites les plus sympas du mois

# Sports & Garçons

Parfois les garçons ont du mal à accepter que nous, les filles, allions nous essayer dans un domaine qu'ils pensent être le leur, de manière exclusive. Irma te dit comment rendre la "cohabitation" aussi cordiale que possible...

## Règle n° 1

Rappelle à tes amis qu'une équipe mixte n'est pas forcément plus faible, mais qu'en revanche elle est certainement plus amusante !

## Règle n° 2

Si tes camarades n'ont de cesse de te rappeler tes erreurs, ne t'en fais pas trop. Demande-leur plutôt de te filer quelques conseils de champion... ceux qu'eux seuls connaissent !

# Juin

Lundi

Mardi

Mercredi

Jeudi

Vendredi

Samedi

Dimanche

# Quelques conseils pour apprendre à... perdre & gagner

**Tu as gagné haut la main ? Sauter de joie, c'est normal, mais ne te vante pas trop quand même ! Et si tu as perdu, ne te décourage pas pour autant !**

1 Après une victoire, on se remet au travail en regardant en avant, jamais en arrière. C'est le secret des grands champions !

2 Si tu es trop sûre de toi, tu risques de te déconcentrer et perdre la prochaine compétition.

3 Tu étais au top de ta forme, mais tu as perdu... Ne te décourage pas : tu es juste tombée sur quelqu'un de plus fort que toi.

4 Une défaite peut te motiver énormément pour reprendre l'entraînement et... gagner la prochaine fois !

## Tes 5 SMS les plus amusants du mois

# L'adversaire, c'est ton amie...

Aucun souci : si votre amitié est sincère, vous "affronter" sur le terrain de jeu sans coups bas renforcera votre lien.

Parfois, les défis suscitent des incompréhensions. Dans ce cas, mieux vaut crever l'abcès au plus vite.

Dépêchez-vous de sortir tout ce que vous avez à vous dire... Après, une bonne accolade et c'est reparti comme avant !

## Juin

Lundi

Mardi

Mercredi

Jeudi

Vendredi

Samedi

Dimanche

Dans le sport, comme souvent ailleurs,
le plus important c'est...

# l'esprit d'équipe

Quelle que soit ta discipline, Will te donne ses bons conseils pour que la tienne soit une équipe qui gagne.

- Ne jamais oublier qu'on joue pour s'amuser !
- Au lieu de jalouser les meilleurs, prends-en de la graine pour t'améliorer.

- Les membres les moins performants de l'équipe sont à encourager et à rassurer, non à juger.
- L'esprit d'équipe est primordial, si on veut gagner. Donc, pas de stars ni de rivalités inutiles : chaque rôle est important.

## Tes 5 achats les plus "sport" du mois

# HOROSCOPE
# Cancer

21.06-22.07

**Qui es-tu ?** Ton monde intérieur est riche et tu cherches à le protéger du mieux que tu peux. Douce et romantique, tu es une grande rêveuse. Tu es déçue quand tes souhaits ne se réalisent pas.

**Ta magie** Sensible et pleine d'imagination, tu sais te faire aimer. Quand tu prends tes airs de petite fille, tu es irrésistible !

**L'école** Tes rêveries ont tendance à te distraire des cours... Tu es forte dans les langues étrangères.

**Sensibilité** Tu es très exclusive et tu fais de la personne que tu aimes le centre de ton monde.

**Look** Tu ne prends pas toujours soin de ton look, par ailleurs très original. Les teintes douces et chaudes te vont à merveille.

## Juin

Lundi

Mardi

Mercredi

Jeudi

Vendredi

Samedi

Dimanche

## Plage, soleil, sable et...

# look d'été

**Maillot une pièce ou deux pièces ? Paréo ou grande chemise bariolée ? Tong ou baskets ? Autant de questions auxquelles Irma t'aide à répondre...**

Tes 5 morceaux de musique les plus dansants du mois

## • Ose les couleurs !

Choisis le maillot qui te va le mieux (une pièce ou deux, modèle olympique, etc.) et déchaîne ton imagination. La gaieté des couleurs influencera ton humeur et ne te quittera plus !

## • Bandana

Idéal pour les cheveux, mais aussi à nouer autour du poignet, porté comme un bracelet...

## • Lunettes de soleil

Pour ne pas être éblouie par la lumière et éblouir ceux qui t'entourent !

## • Tongs

Ultra-pratiques et disponibles en une très grande variété de modèles, elles sont parfaites pour la plage comme pour les soirées entre amis.

## • Pareo

Grand ou petit, tu peux le nouer de mille et une façons pour changer de style tous les jours !

## • Accessoires

Les colliers, bracelets et bracelets de cheville mettent la touche finale à ton look d'été !

# Juillet

Lundi

Mardi

Mercredi

Jeudi

Vendredi

Samedi

Dimanche

# L'art de faire ses... bagages

Si, pour tes vacances, tu as tendance à emporter cinq malles de vêtements... il est grand temps d'adopter le système de Cornelia !

## Règle d'or n°1

**Récolter les bonnes informations**

- Quel est le climat du lieu choisi ?
- Où logerez-vous ?
- Quel est votre moyen de locomotion ?
- Y aura-t-il des commerces sur place ?

## Par conséquent tu dois...

- Lister les choses à emporter.
- Les réunir en les biffant sur la liste, les unes après les autres.
- Les placer dans ta valise, en glissant au milieu les objets fragiles.

**Tes 5 pensées les plus reposantes du mois**

# Choisis ta valise idéale...

## • Tu es une grande rêveuse ?

Ce qu'il te faut est un sac géant et bariolé, de style ethnique.

Le pour : tu peux y mettre plein de choses.

Le contre : si tu le charges trop, tu ne pourras plus le soulever !

## • Tu aimes être élégante ?

Choisis une valise sur roulettes avec mallette assortie.

Le pour : tout est bien rangé, avec classe !

Le contre : ne convient pas aux voyages un peu aventureux.

## • Tu es sportive ?

Opte pour un grand sac à dos multipoches.

Le pour : tu peux tout enfiler dedans, dans le désordre.

Le contre : les vêtements sont froissés, mais si cela fait partie de ton style...



Lundi

Mardi

Mercredi

Jeudi

Vendredi

Samedi

Dimanche

# Passe-temps en...

# voyage

## Pour affronter un long voyage, sans t'ennuyer !

- Apporte quelque chose qui t'aide à passer le temps : livre, musique, ton journal...

- Ouvre grand tes yeux et tes oreilles. En voyage, on peut rencontrer des gens épatants et voir des paysages magnifiques !

- En voiture, on peut s'amuser à bavarder, chanter et raconter des blagues, à condition de ne pas saouler le conducteur !

## Tes 5 sites les plus utiles du mois

# Idées presque sérieuses pour s'amuser en voyage...

## Loisirs en avion

Le billet comprend : la télé, la musique, les jeux vidéo. Et si tu t'ennuies... tu n'as qu'à aller faire un tour dehors !

## Jeux en voiture

Le premier qui voit une vache, 10 points, un clocher, 20 points. Si tu vois une vache sur un clocher... consulte un ophtalmo de toute urgence !

## Lectures dans le train

Un récit fantastique ou un polar qui se passe dans un train...

## Passe-temps en bateau

Sur un ferry, balade-toi sur le pont, sur un voilier, profite de la brise, sur une barque à rames... rame, il n'y a rien d'autre à faire !

## Juillet

Lundi

Mardi

Mercredi

Jeudi

Vendredi

Samedi

Dimanche

# Comment passer de super-vacances dans ta propre... ville

**Tu passes l'été à la maison ? Hay Lin te dit comment t'amuser énormément, malgré tout !**

1 Réunis un maximum de copains et de copines dans le même cas que toi.

2 Profite du soleil au parc ou à la piscine !

3 Renseigne-toi sur les manifestations prévues par la ville : concerts, spectacles, stages, etc.

4 Il pleut ? Découvre les musées de ta ville. Tu ne les connais certainement pas tous !

## Tes 5 SMS les plus amicaux du mois

# HOROSCOPE
# Lion
23.07-22.08

**Qui es-tu ?** Grâce à ta fierté et à ton courage, on te reconnaîtrait entre mille. Jamais comme cette année, le monde sera la scène sur laquelle tu te produiras !

**Ta magie** Ton rayonnement et ta générosité te rendent unique et irremplaçable. Tu fais profiter ceux que tu aimes de ton aura.

**L'école** Tu te distrais facilement... Lors d'un contrôle oral, tu es capable de faire un véritable show : une vraie comédienne !

**Sensibilité** Tu sais aimer et te faire aimer. Tu adores les compliments, mais tu as beaucoup de mal à accepter les critiques.

**Look** Tu soignes énormément ton aspect. Ne sois pas trop dépensière.

## Juillet

Lundi

Mardi

Mercredi

Jeudi

Vendredi

Samedi

Dimanche

# Incompréhensibles et bizarres comme... les garçons

**Jusqu'à hier, c'était ton meilleur ami. Tout à coup, il est devenu aussi étrange qu'un extra-terrestre...**

## Pourtant, s'ils n'existaient pas, il faudrait les inventer !

Parfois, on dirait qu'ils parlent une autre langue, ils sont bizarres, incompréhensibles. Souvent, ils nous agacent tellement qu'on aurait envie de les claquer ! Pourtant, qu'est-ce qu'on les aime bien !...

### Tes 5 achats les plus sympas du mois

**Les Witch te conseillent pour mieux comprendre un type... incompréhensible !**

**Will** Je tiens compte de ce qu'il fait, pas de ce qu'il dit.

**Irma** Quand je vais le voir, j'apporte mon dictionnaire !

**Taranee** Je demande conseil à mon frère.

**Cornelia** Si un garçon veut que je le comprenne, c'est à lui de faire des efforts !

**Hay Lin** Je lui pose un tas de questions, comme à l'école !

## Juillet-Août

Lundi

Mardi

Mercredi

Jeudi

Vendredi

Samedi

Dimanche

# Portraits types : son monde à...

# "lui"

## Quelques idées pour approcher du mieux qu'on peut cette drôle d'espèce...

### Le timide

Il parle peu, il est souvent solitaire. Il faut beaucoup de patience pour le sortir de sa tanière : au début, rien que des sourires et des petits bonjours de loin... Plus tard, tu pourras l'inviter à prendre une glace.

### La tête de cochon

Même s'il a vraiment mauvais caractère, tu sens que derrière ses airs de gros dur se cache un cœur tendre. Pour le séduire, réponds à ses mauvaises manières avec drôlerie et gentillesse.

## Tes 5 morceaux de musique les plus sympas du mois

## Le mythique

Un charme universel, un charisme de leader... c'est lui, le garçon Huitième-Merveille-du-Monde ! Il a tellement de filles à ses pieds que, pour le séduire, il faut attendre son tour comme à la caisse du supermarché. Si tu en as le courage, va te battre dans l'arène, sinon... continue à en rêver dans ton coin !

## L'insaisissable

Il est très beau, sympa, gentil, intelligent. Parfait, quoi ! Mais... il a une grande passion : le foot. Trouver un moment pour lui parler est extrêmement difficile. Quand tu le tiens, glisse dans la conversation un petit commentaire sur un footballeur... soudainement, il s'apercevra que tu existes !

# Août

Lundi

Mardi

Mercredi

Jeudi

Vendredi

Samedi

Dimanche

# Pour comprendre les garçons, il faut un... mode d'emploi

**Les garçons sont difficiles à comprendre. Voici donc quelques conseils pour faire face aux situations les plus courantes.**

**Un** Tu as rencontré un garçon charmant. Tu le croises avec ses copains et il fait comme s'il ne te connaissait pas... *Dis-lui bonjour, mais s'il continue comme ça, laisse-le tomber !*

**Deux** Ils se moquent de toi ou de tes copines ? *Regarde-les droit dans les yeux en souriant. Ils seront désarçonnés.*

**Trois** Ils se moquent de toi parce que tu es bonne élève. *Ce n'est que de la jalousie, mais toi, fais attention à ne pas prendre des airs de première de la classe !*

**Tes 5 pensées les plus secrètes du mois**

# Comment bien s'entendre avec un garçon ?

**Will** Je cherche un compromis entre ses goûts et les miens.

**Irma** Je ne le prends pas trop au sérieux.

Je suis patiente, **Taranee** mais... il ne faut pas exagérer !

**Cornelia** Je lui dis tout de suite ce que je ne supporte pas.

**Hay Lin** J'essaie de m'intéresser à ce qu'il aime.

## Août

Lundi

Mardi

Mercredi

Jeudi

Vendredi

Samedi

Dimanche

## Idées et conseils pour...

# le séduire

**Il n'y a pas de doutes, c'est vraiment le garçon dont tu rêvais. Alors, maintenant, il faut le "convaincre" de t'inviter à sortir...**

1 Ne sois pas agressive. Puisqu'il te plaît, ne le taquine pas et sois gentille avec lui. Il comprendra qu'il peut te faire confiance.

2 Sois spontanée. Ne cherche pas à être différente de ce que tu es pour lui taper dans l'œil. À la longue, tu te sentirais mal à l'aise.

3 Parfois, il est bon de se faire désirer. À condition, toutefois, d'avoir déjà établi une relation... sinon, il risque de ne pas s'apercevoir *du tout* de ta disparition !

## Tes 5 sites les plus intéressants du mois

# Drôles de W.I.T.C.H.

**Réponses amusantes à toutes les questions**

Pourquoi les garçons adorent le baby-foot ?

C'est le mot baby qui leur plaît. Ça leur rappelle leur maman...

Comment convaincre un garçon à s'intéresser à la mode ?

Essaye avec la torture.

À quoi pense-t-il face à un superbe coucher de soleil ?

Demain... super-match de foot !

À quoi mesure-t-on l'amitié entre deux garçons ?

Au nombre de bleus...

## Août

Lundi

Mardi

Mercredi

Jeudi

Vendredi

Samedi

Dimanche

# Tous les avantages des... frères

**C'est un sous-groupe particulier de garçons... Parfois, ils sont casse-pieds, mais ils ont aussi un certain nombre d'avantages, parole de Taranee !**

## Un

Les frères ont des amis, ce qui revient à dire une horde sauvage installée pratiquement à demeure à la maison... Jusqu'au jour où l'un d'entre eux te plaît...

## Deux

Profite de l'expérience de ton grand frère ! Parle-lui de tes difficultés en classe ou demande-lui de l'aide sur un problème précis. Il faut juste ne pas oublier de lui renvoyer l'ascenseur !

## Tes 5 SMS les plus drôles du mois

# HOROSCOPE Vierge

23.08-22.09

**Qui es-tu ?** Tu aimes la précision au point d'être parfois un peu maniaque... Tu rationalises tout et tu détestes que l'on te contredise.

**Ta magie** Tu as un grand respect de toi-même et cela se voit. Tu sais écouter et quand tu parles tu dis des choses justes.

**L'école** Tu travailles consciencieusement et avec méthode. Tu es bonne en chimie, mais attention à ne pas te reposer sur tes lauriers !

**Sensibilité** Tu ne peux pas t'empêcher de voir les défauts des autres, c'est pourquoi tu as tendance à t'isoler. Sois plus indulgente !

**Look** Tu n'aimes pas dépenser dans un domaine aussi futile que la mode. Ta passion ce sont les petits bijoux.

## Août

Lundi

Mardi

Mercredi

Jeudi

Vendredi

Samedi

Dimanche

# Incroyable, mais vrai, les garçons aussi ont des...

# qualités

## Trois exemples de comportement typiquement masculin.

**Un** Quand un garçon s'adresse à toi, même si c'est un peu maladroit, il montre qu'il s'intéresse à toi ! Tu risques de gâcher une occasion qui pourrait ne pas se représenter.

**Deux** Face à un problème pratique, les garçons ont une attitude tout aussi pratique. Ce qui les intéresse, c'est la solution !

**Trois** Les garçons ne renient jamais leurs passions. Tu les as déjà vus renoncer à un match de foot pour une fête ? Non. D'abord le match, ensuite la fête : chaque chose en son temps.

## Tes 5 achats les plus sympas du mois

# Drôles de W.i.t.c.h

Réponses amusantes à toutes les questions

**Pourquoi les garçons se déplacent-ils toujours en bandes ?**

Parce que seuls, ils se perdraient...

**Pourquoi la communication entre garçons est beaucoup plus simple qu'entre filles ?**

C'est l'avantage du système binaire. On va voir le match : oui, non.

**Comment faire pour comprendre les garçons ?**

Trouves-en un à ton goût et étudie-le bien...

Lundi

Mardi

Mercredi

Jeudi

Vendredi

Samedi

Dimanche

# Il est temps de retourner à...

# l'école

Le conseil d'Irma pour supporter l'école : "J'y vais pour retrouver toutes mes copines !"

## Quand l'interro menace...

**Un** Pour avoir la bonne réponse, consulte d'abord... ton propre cerveau !

**Deux** Inspire profondément, décontracte tes épaules et étire ton dos. Tu sembleras plus détendue et sûre de toi, et en plus tu le seras vraiment !

**Trois** Si tu as travaillé, répète-toi sans cesse : « Je suis préparée, je suis préparée... ». Parfois, le simple fait d'en être convaincue, aide énormément.

## Tes 5 sites les plus instructifs du mois

# Drôles de W.i.t.c.h.

Réponses amusantes à toutes les questions

**Comment me défendre des interrogations du prof de maths ?**

Parle seulement en présence de ton avocat !

**La prof veut que mes parents m'accompagnent jusque dans la classe...**

Appelle aussi tes grands-parents. L'union fait la force !

**Les profs regardent toujours mon banc d'un mauvais œil. J'ignore pourquoi...**

Ta passion pour les sandwichs au munster, peut-être ?

**Est-ce une fatalité si les profs d'histoire-géo font une fixation sur les dates ?**

Eh, oui... il paraît que le soir, pour s'endormir, ils lisent le calendrier.

## Septembre

Lundi

Mardi

Mercredi

Jeudi

Vendredi

Samedi

Dimanche

# À l'école, il y a toujours une...

# matière difficile

**La seule solution est de ne pas dramatiser le problème. Les Witch te conseillent...**

## Will
J'adopte mon Système Souffrance Minimale.

## Taranee
Pour ne pas déprimer quand je l'étudie, je le fais avec une camarade.

## Cornelia
Je commence par m'énerver et refuser de l'étudier, puis je fais comme Will.

## Irma
Après l'avoir étudiée, je m'offre une récompense double.

## Hay Lin
Je transforme les notes en dessin.

**Tes 5 SMS les plus sympas du mois**

# Drôles de W.i.t.c.h.

Réponses amusantes à toutes les questions

**Je n'arrive jamais à avoir une bonne note en histoire-géo...**

Hem... Et si tu allais chercher le livre au CDI ? Ça pourrait t'aider !

**Chaque fois que j'ai une mauvaise note, je m'empiffre de chocolat jusqu'à m'en rendre malade. Que puis-je faire ?**

Présente le ticket de caisse au prof et exige d'être remboursée !

**Le prof annonce mes mauvaises notes devant toute la classe. Ça me vexe...**

Parle-lui des notes diplomatiques.

## Septembre

Lundi

Mardi

Mercredi

Jeudi

Vendredi

Samedi

Dimanche

# Toujours les mêmes...

# profs

## Le conseil d'Hay Lin pour éviter une colle : "Ne jamais faire circuler la caricature du professeur sous ses yeux..."

**1** Vous estimez que le professeur a jugé trop durement l'un de vos camarades ?

**Soulevez la question et parlez-en au professeur, tous ensemble.**

**2** Le prof a mis une colle à toute la classe, parce qu'il n'arrivait pas à faire son cours ?

**À présent, c'est fait. S'il a eu raison, la prochaine fois faites un effort.**

**3** Le prof vous prend pour des cancres irrécupérables et vous charge de devoirs ?

**Prouvez-lui que vous faites des efforts. Si rien ne change, faites-lui comprendre qu'il a des préjugés.**

## Tes 5 achats les plus utiles du mois

# Drôles de W.i.t.c.h

Réponses amusantes à toutes les questions

**Si j'offre un chewing-gum au prof, après me laissera-t-il mâcher le mien ?**

Possible. Sauf si tu te trompes de parfum !

**Le prof a arraché une page de mon cahier et m'a mis un mot sur le carnet de liaison...**

Vite, cache tes autres affaires avant qu'il ne les saccage aussi !

**La prof d'anglais ne tolère pas le moindre chuchotement pendant son cours...**

Et si vous lui proposiez un fond musical ?

## Septembre

Lundi

Mardi

Mercredi

Jeudi

Vendredi

Samedi

Dimanche

# Au secours, j'ai eu une...

# mauvaise note !

"La prof a dit que pour mon devoir, elle a dû inventer une nouvelle note, l'UVZ... Un Vrai Zéro !" Signé, Will.

**Un** Ta voisine de classe a les yeux humides, caractéristiques de la super-mauvaise note ? Laisse-lui le temps de digérer, puis propose-lui de travailler ensemble pour l'aider.

**Deux** Tu as eu une mauvaise note ? Interdiction formelle de déprimer : rien n'est perdu.

**Trois** Un prof te terrorise car il mitraille de mauvaises notes ? Affronte-le en te disant que "c'est le défi de l'année".

## Tes 5 morceaux de musique les plus sympas du mois

HOROSCOPE

# Balance

23.09-23.10

**Qui es-tu ?** Ton besoin d'harmonie te rend d'une compagnie très agréable. Souvent indécise, tu recherches l'équilibre entre les opposés.

**Ta magie** Tu aimes plaire et tu es consciente de ton charme. Tes propos font rêver ! Tu es une magicienne née...

**L'école** Tu as du mal à l'admettre, mais tu détestes avoir une mauvaise note à un contrôle.

**Sensibilité** Tu aimes la compagnie des autres et les discussions, même les plus animées.

**Look** Une Balance ne suit pas la mode, elle la dicte ! Grâce à ton bon goût, tu es à la mode en toutes circonstances.

## Septembre

Lundi

Mardi

Mercredi

Jeudi

Vendredi

Samedi

Dimanche

## Rien n'est plus beau que d'avoir des...

# amies !

**Comment reconnaître une amie fidèle ? Facile ! Va au parc avec elle et lance un bout de bois au loin. Si elle court et le rapporte, elle est vraiment fidèle ! Waf !**

## L'amitié c'est...

- Éclater de rire ensemble, surtout quand il ne faudrait pas.
- Acheter le même bracelet d'une couleur différente.
- Se résigner à regarder pour la dixième fois son film préféré.
- L'appeler juste pour lui dire "Je suis là !"
- Apprendre par cœur les paroles de la même chanson.
- La soutenir, quoi qu'elle fasse.
- Lui servir de cobaye pour ses tests de maquillage.

**Tes 5 pensées les plus "amicales" du mois**

# Cinq tuyaux pour épater ta nouvelle copine

## Will

Je lui parle du Loir. Si ça ne l'intrigue pas, elle ne m'intéresse pas !

## Irma

Je balance une boutade.
Si elle rigole, c'est dans la poche !

## Taranee

Je lui propose de me prendre en photo.

## Cornelia

Je lui demande où elle a acheté ses super-chaussures.

## Hay Lin

Je fais son portrait en cachette, puis je lui en fais cadeau.

# Octobre

Lundi

Mardi

Mercredi

Jeudi

Vendredi

Samedi

Dimanche

# À chacune sa...

# meilleure amie

**Quelques "modèles" d'amies cent pour cent Witch, à choisir selon l'humeur et les circonstances !**

## Modèle Cornelia

Pour sortir et faire du shopping. Elle est toujours au fait des dernières tendances et peut te conseiller dans tes achats (voire te les imposer).

## Modèle Irma

Pour bavarder à bâtons rompus. Elle a toujours quelque chose à dire sur tout et ne se gêne pas pour le faire. En plus elle est très drôle : en sa compagnie, on ne s'ennuie pas une seconde.

## Tes 5 sites les plus drôles du mois

• Modèle Hay Lin
Pour rêver. Elle t'emmène sur les ailes de son imagination : tu fermes les yeux et tu t'envoles… Après, il faut penser à la faire redescendre sur terre.

• Modèle Taranee
Pour se confier. Elle sait écouter et est toujours de bon conseil. Par moments, elle peut être aussi sévère qu'une mère, mais elle gronde beaucoup moins.

• Modèle Will
Pour faire du sport. Tennis, natation, vélo… Elle ne s'arrête jamais, pas même pour souffler. Le seul fait de sortir avec elle, c'est un sport à part entière !

## Octobre

Lundi

Mardi

Mercredi

Jeudi

Vendredi

Samedi

Dimanche

## Pour chaque amie...

# un cadeau spécial !

**À l'occasion d'un anniversaire, d'une fête ou simplement pour lui dire "je tiens à toi".**

• pour la romantique

Hay Lin propose le dernier livre de son auteur préféré : une histoire d'amour et d'aventures à couper le souffle. Extra-terrestres et Alien, bienvenus.

• pour la fofolle

Irma conseille une fête surprise. Option rigolote : une grosse tarte à la crème pour entarter la copine et rire aux éclats !

Tes 5 SMS les plus cool du mois

• pour la sportive

**Will** propose un vêtement sur le thème : casquette, short de cyclisme ou tee-shirt de rugby, selon le sport pratiqué.

• pour la raffinée

**Cornelia** suggère un album-photos pour les plus beaux souvenirs. Vos clichés ensemble, ceux de l'excursion avec la classe, le portrait de son ex (à utiliser comme cible pour jouer aux fléchettes)...

• pour la flegmatique

**Taranee** recommande un hamac. À installer au jardin ou dans la chambre pour méditer et se détendre.

# Octobre

Lundi

Mardi

Mercredi

Jeudi

Vendredi

Samedi

Dimanche

# Après une dispute...

# faisons la paix !

**Tu t'es disputée avec ton amie ? Vous ne vous parlez plus depuis plusieurs jours ? En plus, c'est ta faute ? Taranee te donne quelques bons conseils.**

1 N'attends pas trop longtemps après la dispute.

2 Invite ton amie à prendre un thé, puis engage la conversation pour tirer au clair votre mésentente.

3 Écris-lui une lettre pour lui expliquer ta position.

4 Cherche un prétexte sympa pour l'appeler.

5 Demande à une amie commune de lui parler.

6 Attends-la à la sortie de l'école avec un cadeau.

## Tes 5 achats les plus sympas du mois

# HOROSCOPE Scorpion

24.10-22.11

**Qui es-tu ?** Tu as un esprit novateur et indépendant. Tu vises toujours loin, ce qui parfois laisse les autres un peu interloqués. Tu sais saisir les opportunités.

**Ta magie** Fascinante et mystérieuse, tu es la plus Witch du zodiaque, car tu es, toi, pure magie !

**L'école** Tu sembles née pour résoudre quizz et devinettes. Tu es très forte en maths et en physique. Ne pèche pas par prétention !

**Sensibilité** Sélective dans tes amitiés, tu es prête à défier le monde entier pour un ami. Malheur à ceux qui te trahissent !

**Look** Délaisse un peu le noir et découvre les couleurs vives : le rouge, le vert, le jaune.

## Octobre

Lundi

Mardi

Mercredi

Jeudi

Vendredi

Samedi

Dimanche

## Top secret comme mon...

# journal intime

### Découvre quel type de fille tu es et quel est le journal qui te convient le mieux.

**Dynamique et hyper-active comme Will ?**

Un modèle petit format est idéal. Pour l'avoir toujours à portée de stylo et l'oublier partout !

**Appliquée comme Taranee ?**

Un grand cahier 21 x 29,7 cm. À sortir du tiroir dans les moments d'inspiration.

**Élégante et romantique comme Cornelia ?**

Un carnet précieux, pourquoi pas fermé par un petit cadenas doré ?

**Artiste et créative comme Hay Lin ?**

Un bloc de papier à dessin à rouler dans le sac à dos.

**Drôle et désordonnée comme Irma ?**

Un cahier tout gribouillé... Pour que personne ne devine de quoi il s'agit !

## Tes 5 morceaux de musique les plus "à la mode" du mois

# Drôles de Witch

Réponses amusantes à toutes les questions

**Que se passe-t-il quand un secret est découvert ?**

Ça dépend de la saison : en hiver, il risque un rhume !

**Parfois, j'ai l'impression d'avoir un secret sur l'estomac...**

Aurais-tu avalé une recette secrète de ta grand-mère ?

**Ma mère veut que je lui raconte un secret par semaine. Je n'en ai pas autant...**

Pas de problème, demande-lui si elle accepte les redites !

## Octobre-Novembre

Lundi

Mardi

Mercredi

Jeudi

Vendredi

Samedi

Dimanche

# Défense d'entrer, c'est...

# ma chambre !

**Ma soeur met toujours le nez dans mes tiroirs. Qu'est-ce que je peux faire ?**

**Exige qu'elle se mouche avant. Sinon, pas question !**

## Tout le monde entre dans ta chambre sans frapper ? Voici quelques conseils.

**Un** Parles-en ouvertement en famille : tu n'as rien à cacher, tu aimerais juste un peu de politesse !

**Deux** Prépare un panneau avec écrit en gros caractères : "Frapper avant d'entrer".

**Trois** Accroche une clochette à la poignée de la porte : si quelqu'un entre, tu l'entendras aussitôt.

**Tes 5 pensées les plus intimes du mois**

# Ma chambre est le petit royaume où je peux...

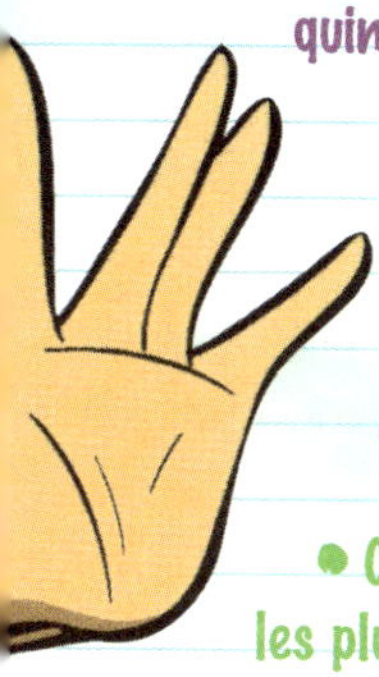

- Bavarder et rigoler avec mes copines pendant des heures.
- Cacher mes affaires les plus précieuses et secrètes.
- Écouter ma chanson préférée quinze fois de suite.
- M'entourer des posters de mes idoles.
- Rêver les yeux ouverts.
- Collectionner les objets les plus bizarres.
- Placarder les murs des photos de mes copines.
- Interdire l'entrée à qui je veux !

## Novembre

Lundi

Mardi

Mercredi

Jeudi

Vendredi

Samedi

Dimanche

# Mille et une astuces pour éloigner les... CURIEUX

**Comment défendre tes secrets des curieux de la maison ? Taranee a quelques idées à ce sujet.**

1 Garde ton journal intime toujours avec toi.

2 S'il est trop grand pour ça, change constamment de cachette (un jour sous le lit, un autre dans le tiroir, etc.).

3 Prépare un faux journal et laisse-le en belle évidence pour qu'il serve d'appât.

4 Fais-toi une « cachette poupée russe » : glisse ton journal dans une pochette, place celle-ci dans un sac fermé, range l'ensemble au fond de l'armoire.

## Tes 5 sites les plus secrets du mois

## Cinq idées pour cacher une lettre

**Will**
Je ne reçois que des mails !

**Irma**
Derrière la couverture de l'étui de la cassette vidéo de Karmilla.

**Taranee**
Parmi mes photos d'insectes. Personne ne les regarde !

**Cornelia**
Dans la doublure de mon coffret à bijoux.

**Hay Lin**
Avec mes croquis ratés. Ils ne sont pas beaux, mais tellement utiles !

# Novembre

Lundi

Mardi

Mercredi

Jeudi

Vendredi

Samedi

Dimanche

# L'art et la manière de...

# garder un secret

**Les secrets sont comme des cadeaux précieux, il faut en prendre grand soin !**

## Quatre bonnes raisons de garder la bouche fermée !

1 Révéler le secret de quelqu'un c'est comme lui manquer de respect.

2 Celui qui trahit un secret n'est pas fiable et finit par rester seul !

3 Un secret révélé "en secret" peut devenir la nouvelle du jour...

4 En passant de bouche en bouche, un secret peut devenir un mensonge.

**Tes 5 SMS les plus secrets du mois**

# Novembre

HOROSCOPE
# Sagittaire
23.11-22.12

**Qui es-tu ?** Tu adores la compagnie des autres et tu parles énormément. Tes boutades sont tordantes ! Tu as beaucoup d'enthousiasme et un esprit libre.

**Ta magie** Grâce à ta bonne humeur, en ta compagnie tout le monde a le moral. Parfois, ta tête flotte au-dessus des nuages ; dans ce cas, rien ne peut te ramener sur terre.

**L'école** Tu aimes les études et tu n'as aucun souci en histoire-géo et en langues étrangères. Les maths, en revanche...

**Sensibilité** Respectueuse des autres, tu aimes le travail d'équipe car "l'union fait la force".

**Look** Tu aimes les vêtements confortables mais tu peux être un peu distraite... Avant de sortir, vérifie que tout est O.K.

Lundi

Mardi

Mercredi

Jeudi

Vendredi

Samedi

Dimanche

# Quand ton journal ne suffit pas, vive les... confidentes !

Il est des secrets qu'il faut dire à quelqu'un, pour avoir un conseil, un avis ou... pour en rire ensemble, tout simplement !

## Cinq idées pour choisir à qui raconter son secret

**Will** Je suis la meilleure confidente de moi-même !

**Irma** Je le dis à Laitue, ma tortue !

**Cornelia** À quelqu'un qui m'écoute sans m'interrompre.

**Taranee** Ça aussi, c'est mon secret !

**Hay Lin** À quelqu'un qui n'insiste pas pour le savoir.

Tes 5 achats les plus sympas du mois

# Drôles de W.i.t.c.h

Réponses amusantes à toutes les questions

Je ne sais pas à qui confier qu'il y a un garçon dont je suis folle...

Au garçon en question : au moins tu seras fixée.

J'ai raconté un secret à la moitié de la classe. J'ai eu tort ?

Bien sûr ! L'autre moitié voudrait savoir aussi...

Dans ma dissert j'ai révélé le secret d'une copine. Elle était furieuse...

Hem... tu as fait trop de fautes d'orthographe.

## Novembre

Lundi

Mardi

Mercredi

Jeudi

Vendredi

Samedi

Dimanche

# Danse, musique et copains, c'est-à-dire...

# fêtes à gogo !

**Où les organiser ? Ça dépend de ton style. Voici les propositions des Witch.**

## Will sur la plage

L'été, au coucher du soleil, autour d'un feu de camps. Un cornet de pop-corn, une guitare et... Matt !

## Cornelia à la maison

Idéal pour les anniversaires. Boissons et friandises à volonté, des CD pour danser et oublier Caleb.

## Irma en boîte de nuit

Musique à fond, éclairage *ad hoc* et une foule de gens pour échapper à... Martin !

## Taranee à l'école

Entrée libre, jeux, musique, etc. Pour s'amuser avec Nigel.

## Hay Lin au jardin

Pour une soirée romantique autour d'une superpizza en compagnie d'Éric.

**Tes 5 morceaux de musique les plus festifs du mois**

# L'art de l'invitation

D'abord, donne toutes les informations nécessaires : où, quand et - éventuellement - quoi apporter.

Si la fête se passe en extérieur, précise où il faudra aller en cas de mauvais temps.

Si tu envoies tes invitations par courrier, fais-le de manière originale.

## Décembre

Lundi

Mardi

Mercredi

Jeudi

Vendredi

Samedi

Dimanche

La fête approche, occupons-nous des...

# préparatifs

Ce qui compte est de créer la bonne atmosphère.

**Cornelia** Décors faits maison
Crée guirlandes et festons : il suffit de quelques feuilles de papier de couleur, de ciseaux et de colle. Prévois aussi un grand tableau pour les signatures et petits mots des invités.

**Hay Lin** Atmosphère romantique
Lanternes chinoises, fleurs de papier et bougies flottantes transforment le jardin en un lieu magique.

**Irma** Créations appétissantes
Dispose joliment dans les plateaux les sandwichs et les amuse-gueule. Amuse-toi à créer des compositions qui feront le bonheur des yeux et du palais.

Tes 5 pensées les plus festives du mois

# Et le buffet ?

- Les plats salés : tartes diverses, canapés à tartiner avec une variété de sauces, assortiment de fromages et de pains (très chic !).
- Pour les gâteaux, tu as deux possibilités : tu te lances et les prépares toi-même (avec l'aide de maman) ou bien tu te fournis chez ton pâtissier préféré.
- Les boissons ? Un assortiment de sodas et de jus de fruit pour contenter tout le monde.
- Tu es vraiment à court d'idées ? Fais un saut à la librairie : tu y trouveras des livres de recettes hyper-rapides à cuisiner.

## Décembre

Lundi

Mardi

Mercredi

Jeudi

Vendredi

Samedi

Dimanche

# Quelques idées originales pour une... fête surprise !

Pour qu'elle soit réussie, suis les conseils d'Irma.

- Choisis un endroit qui surprendra tout le monde.
- Décore-le dans le plus grand secret.
- Réunis tes invités à un endroit différent de celui de la fête.
- Amuse-toi à les mener en bateau, avant de les conduire au bon endroit.
- Fais circuler des canulars pour fourvoyer les indésirables.
- Envoie tes invitations sans spécifier de quoi il s'agit.
- Révèle que c'est une fête quand tout le monde est réuni.
- Fais la même chose *sans* la fête. Tant de surprises amuseront quand même tes amis !

## Tes 5 sites les plus drôles du mois

HOROSCOPE

# Capricorne

23.12-19.01

**Qui es-tu ?** Tu es forte, posée et responsable. Ta fierté t'empêche de t'ouvrir aux autres : peu de gens savent ce que tu penses vraiment.

**Ta magie** Tu sais entourer de mille attentions les gens que tu aimes. Tu connais leurs préférences et tu t'efforces de les satisfaire.

**L'école** Ton ambition t'amènera à être la première de la classe dans ta matière préférée.

**Sensibilité** Tu es très prudente en amour comme en amitié. Attention : à la longue, dissimuler tes sentiments pourrait te faire souffrir.

**Look** Ta garde-robe est composée de peu d'habits d'excellente qualité. Tu surprends toujours tout le monde par ton style simple et élégant à la fois.

## Décembre

Lundi

Mardi

Mercredi

Jeudi

Vendredi

Samedi

Dimanche

# Suggestions pour un...

# look festif

**Cornelia, qui en sait long en matière de mode, te donne quelques conseils pour être dans le coup en toute circonstances.**

### Petite fête entre amis

Vas-y avec le style décontracté. Dans le cas contraire, tu risques de passer pour quelqu'un qui veut faire valoir son élégance à tout prix. Les copines pourraient t'en vouloir...

### Soirée élégante

Un certain classicisme s'impose, sans forcément le côté guindé. Choisis des vêtements dans lesquels tu te sens à l'aise.

### Soirée en boîte de nuit

C'est l'occasion rêvée pour une tenue un peu extravagante. Sur la piste de danse, "oser" est plus facile que dans d'autres circonstances.

## Tes 5 SMS les plus amusants du mois

# Fêtes de famille

**Voici quelques suggestions pour éviter la petite robe qui plaît tant à maman... En d'autres termes, comment être élégante sans perdre ton côté Witch.**

- Type de vêtements : jupe, pantalon ou robe, à toi de choisir. Sache seulement que ta tenue sera d'autant plus élégante qu'elle sera simple.

- Accessoires : le petit sac en bandoulière est de rigueur. Évite les bijoux en cascade : un seul (collier *ou* boucles d'oreilles, etc.) assorti à ton vêtement sera du plus grand chic.

- Si tu as du mal à te reconnaître dans la glace, dis-toi bien que ce "déguisement" ne durera que quelques heures...

## Décembre

Lundi

Mardi

Mercredi

Jeudi

Vendredi

Samedi

Dimanche

Et maintenant... des pages rien que

# Fêtes, anniversaires &

Décembre

Janvier

Février

Mars

Avril

Mai

pour toi !

# plus encore…

Juin

Juillet

Août

Septembre

Octobre

Novembre

Dédicaces géantes... à relire 1000 fois

Photos "historiques"...

qui te font sourire

# Retrouve les Witch chez Hachette Jeunesse !

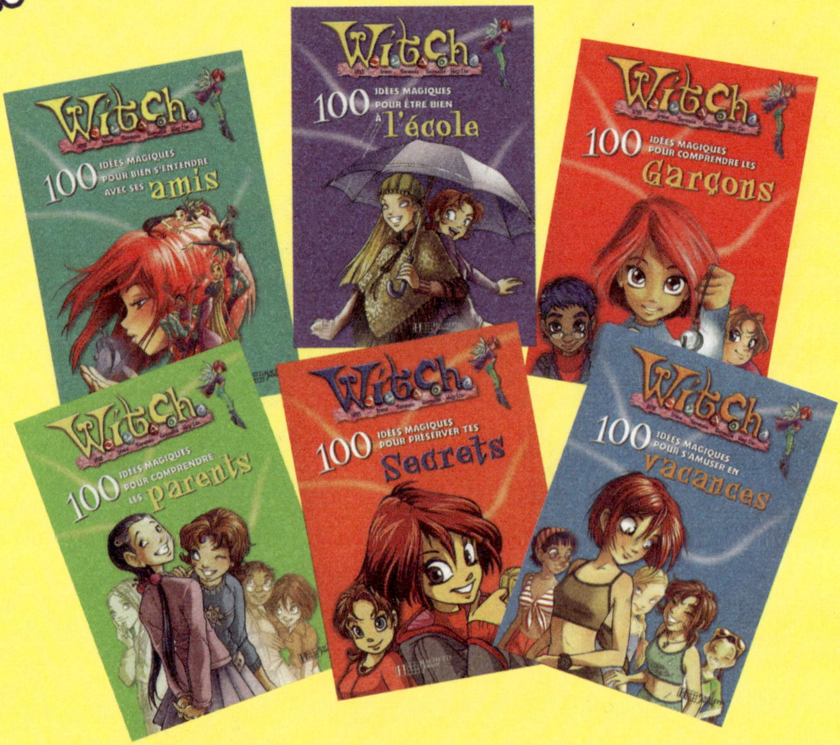


HACHETTE
*Jeunesse*


**ISBN : 2.01.2246362**

Dépôt légal n° 52504 Janvier 2005-Edition n°1

Loi n° 49-956 du 16 juillet 1949 sur les publications destinées à la jeunesse.

Imprimé en Espagne chez Mateu Cromo